MEDIOS DE PAGO Y FINANCIACIÓN INTERNACIONAL AL ALCANCE DE TU MANO

JOSE-NICANOR PINILLA
BARCELONA

DEDICATORIA

CONTENIDO

1.EXPORTAR E INVERTIR   9

1.1. DEDUCCIONES POR INVERSIÓN EN EL EXTERIOR   9

1.2. COMPARATIVA FISCAL ENTRE SUCURSAL Y FILIAL   11

1.3.ESTRATEGIAS FISCALES EN RELACIÓN CON LA INVERSIÓN EN EL
        EXTERIOR   13

2. EL IVA EN LAS OPERACIONES INTRACOMUNITARIAS   14

2.1. EL IVA EN LAS OPERACIONES CON TERCEROS PAÍSES   19

2.2. EL IVA EN LAS OPERACIONES ASIMILADAS A LA IMPORTACIÓN   21

2.3. DOCUMENTOS QUE PRESENTAR   22

3. LOS MEDIOS DE PAGO INTERNACIONALES   22

3.1. MEDIOS DE PAGO SIMPLES   22

    3.1.1. CHEQUE BANCARIO   23

    3.1.2. TRANSFERENCIAS   24

    3.1.3. REMESAS SIMPLES   27

3.2. MEDIOS DE PAGO DOCUMENTARIOS   30

    3.2.1. REMESA DOCUMENTARIA   31

    3.2.2. CRÉDITOS DOCUMENTARIOS   32

4. FINANCIACIÓN INTERNACIONAL   39

4.1. FACTORING   39

4.2. FORFAITING   43

4.3. PROJECT FINANCE   46

4.4. CRÉDITOS FAD   49

4.5. INSTRUMENTOS FINANCIEROS PARA LAS IMPORTACIONES Y EXPORTACIONES   **51**

4.5.1. FINANCIACIÓN EXPORTACIONES   52

4.5.2. FINANCIACIÓN IMPORTACIONES   52

4.5.3. INSTRUMENTOS FINANCIEROS PARA EL RIESGO DE TIPO DE CAMBIO   53

CONCLUSIONES   **55**

AGRADECIMIENTOS

A todos los profesores que he tenido desde el año 1989, cuando el comercio internacional en España no se tenía en cuenta en las Universidades. En especial a los precursores de estas materias en Aragón, la Escuela Internacional de Negocios (CESTE) y a la Universidad de Gales. Agradezco a todos los alumnos que he tenido desde hace más de 20 años, que me han enseñado a cómo impartir esta materia. Gracias al soporte de la Escuela del Emprendedor, muchos docentes y profesionales podremos editar nuestra sapiencia en diferentes materias de gestión empresarial.

1.EXPORTAR E INVERTIR

En el contexto de la internacionalización de la economía, las inversiones en el exterior constituyen movimientos económicos ante los que el sistema fiscal no permanece impasible. Por otra parte, son factores positivos para el crecimiento económico, y las empresas gozan de incentivos fiscales en el impuesto de sociedades, determinado a la conclusión de determinados requisitos. Toda inversión es susceptible de generar flujos de rentas, es decir, **repatriación de beneficios**, que será objeto de gravamen. Como carácter general, se grava donde se realiza la inversión, pero también donde reside la empresa inversora. Se produce un problema de **doble imposición**. Cada estado, de manera unilateral, establece sus normas fiscales para evitar esta doble imposición. En los países miembros de la OCDE, como en otros países terceros, se ha desarrollado un mecanismo bilateral para evitar la doble imposición.

1.1. DEDUCCIONES POR INVERSIÓN EN EL EXTERIOR

Antes de efectuar una inversión en el extranjero, una sociedad debe considerar si existen incentivos fiscales para ello ya que, en caso de haberlos, la rentabilidad será mayor de la esperada.

> También incluye el 25% de los gastos de promoción y publicidad de proyección plurianual para el lanzamiento de productos y apertura y prospección de mercados en el exterior, incluida la asistencia a ferias de carácter internacional que se celebren en España. En el caso de que se reciban subvenciones, la base imponible se reducirá en el 65% de los importes recibidos.

☐ **Deducción por inversiones relacionadas con actividades exportadoras.** Se trata de una deducción en la cuota del Impuesto de Sociedades de la empresa inversora. Constituyen el 25% de las inversiones en el extranjero en creación de sucursales o adquisición o creación de filiales en las que se participe al menos en un 25%, actividades relaciona-das con la exportación, excepto actividades financieras o de seguros. Si la participación del 25% se llega escalonadamente en el tiempo, la deducción se aplicará tomando como base la inversión hecha en el año en que se llegue y en los dos anteriores. Una vez obtenido el derecho a aplicar la deducción, el artículo 44 de la ley del impuesto establece ciertos límites a su imputación en el año.

Pero si tales límites resultaran de aplicación, la parte de la deducción no disfrutada en el ejercicio podrá ser aprovechada durante los diez ejercicios siguientes.

- **Deducción por inversiones para la implantación de empresas en el extranjero.** Las inversiones en filiales en el extranjero darán derecho a aplazar la tributación de los beneficios de la sociedad inversora, en un importe equivalente a la cifra invertida, si se cumplen ciertos requisitos:
  - La inversión en los fondos propios de la filial no residente debe dar la mayoría de los derechos de voto.
  - La filial debe desarrollar actividades empresariales distintas de las financieras, de seguros, inmobiliarias o de prestación de servicios a entidades vinculadas residentes en España.
  - La filial no debe residir en la Unión Europea ni en un paraíso fiscal.
  - La actividad de la filial no debe haber sido ejercida anteriormente bajo otra titularidad.
  - Estos requisitos deberán mantenerse al menos durante cuatro años.

El importe equivalente a la cantidad invertida se deducirá de la base imponible del ejercicio en el que se efectuó la inversión y podrá integrarse a partes iguales en la base imponible de los cuatro ejercicios siguientes: el importe máximo anual de la base aplazada será de 30.050.605,22€, sin exceder del 25% de la base imponible previa al cómputo del aplazamiento.

- ☐ **Dotación por depreciación del fondo de comercio financiero.** Cuando una sociedad compra las acciones de otra, pagando por ellas más del valor contable del conjunto de activos y pasivos correspondientes, el exceso constituye un fondo de comercio financiero que responde a las expectativas favorables que el comprador cree tener. Pero ese fondo de comercio es un activo inmaterial cuyo valor a largo plazo es incierto, por lo que sería prudente ir amortizándolo en el tiempo como si de una pérdida se tratara. Su consideración como pérdida reduce el beneficio anual de la sociedad inversora, y por tanto, el Impuesto de Sociedades que tendrá que pagar.

> Así será gasto deducible la dotación que las sociedades españolas hagan por depreciación del fondo de comercio financiero, con el límite del 5% anual, en las adquisiciones de renta variable de entidades no residentes en España.

1.2. COMPARATIVA FISCAL ENTRE SUCURSAL Y FILIAL

Una vez que se ha hecho la inversión, es de esperar una serie de flujos de renta desde la empresa extranjera hacia la matriz: dividendos, cánones, servicios de apoyo a la gestión, comercio de bienes o servicios que incorporen los llamados "precios de transferencia" (precios distintos de los normales de mercado), pueden surgir plusvalías e incluso en ocasiones, puede haber personal desplazado de la matriz a la empresa extranjera.

La sucursal de una sociedad podría definirse como: Un establecimiento secundario, sin personalidad jurídica propia; con idéntico objeto social que su sociedad matriz; con instalación física independiente; con un representante permanente que se encarga de la gestión; que está subordinada a las directrices de su casa matriz, sin autonomía patrimonial respecto de esta.

Entendamos que abrir sucursales no implica crear una nueva sociedad. No es una entidad con autonomía propia y distinta de la "central" (sociedad o autónomo) que la genera, por lo que carecerá de denominación propia y distinta de la correspondiente al establecimiento principal. En todo caso, la constitución de una sucursal ha de formalizarse en escritura pública e inscribirse en el Registro Mercantil.

A diferencia de las sucursales, las filiales sí son sociedades mercantiles, con personalidad jurídica propia y distinta de su sociedad matriz capital, con estatutos, órganos de gobierno y administración, propios.

Podría decirse que son sociedades propias, independientes y distintas de la entidad principal, solo que creadas por ésta, que es su fundadora y que llamaremos "matriz". Y al ser una entidad separada (participada por la matriz, pero distinta de ella), podrán seguir caminos separados en un futuro, si la matriz vende sus participaciones en la filial. Por eso mismo, de lo anterior se desprende una diferencia esencial en materia de responsabilidad: La responsabilidad de la sucursal no es independiente de la de la entidad jurídica que la crea. Es la misma, pues la sucursal es una extensión de la "central" y comparten la personalidad jurídica del establecimiento principal. Y, por tanto, también comparten responsabilidad.

Por su parte, la filial, al ser persona independiente de la empresa matriz y estar dotada de plena personalidad, es decir, de verdadera autonomía jurídica, también tiene independencia en materia de responsabilidad.

En lo que sí es igual que la sucursal es en que la filial también tiene que crearse por escritura púbica e inscribirse en el Registro Mercantil. Como toda sociedad mercantil.

Inversiones **que generan pérdidas.** También puede ocurrir que la empresa domiciliada en el extranjero coseche pérdidas. Del mismo modo que las rentas positivas obtenidas en el extranjero repercuten al llegar a España en la tributación española de la casa matriz, también lo harán las rentas negativas o pérdidas, que minorarán la cuenta de resultados con el impuesto de sociedades.

⬜ *Si es sucursal*: al carecer de personalidad jurídica y constituir una única persona con la matriz, sus resultados negativos se incorporan automáticamente, con signo negativo, a los de ésta, con la consiguiente reducción y menos tributación con el impuesto de sociedades.

⬜ *Filial*: la repercusión no es automática, sino que dependerá de que la normativa contable permita dotar la correspondiente provisión por pérdida de valor de la inversión, lo cual sólo ocurrirá si, tras la pérdida sufrida, el valor contable de la inversión en el extranjero cae por debajo del que tenía en el momento inicial de su materialización. Esto no ocurrirá, en caso de que, en años anteriores la filial obtuvo beneficios que no repartió y las pérdidas del año actual no superan el montante de estos beneficios no distribuidos por-que, pese a la caída, el valor de la filial extranjera seguirá siendo superior a su valor histórico inicial.

Fiscalidad del personal desplazado al extranjero. Si la inversión al exterior va acompañada del envío desde España de personal para trabajar en la empresa extranjera, resultará útil analizar la fiscalidad de invertir en activos humanos. Debemos analizar primero el concepto de "*residencia habitual*": si parte del sueldo lo siguen cobrando en España, tributarán aquí por el régimen general de los no residentes (retención del 25%), sin perjuicio de que pudiera existir convenio de doble imposición internacional.

Una persona tendrá residencia en España si:

➢ Permanece 183 días al año natural
➢ Que radiquen sus actividades profesionales o empresariales como núcleo principal en España
➢ Cuando el cónyuge y los hijos vivan en España y dependan de él.
➢ Si se produce el traslado de residencia a un paraíso fiscal, no se perderá la condición de contribuyente por el IRPF español en ese año y en los 4 siguientes.

> El exceso de cobro, si el traslado es limitado en el tiempo, se computan como "dietas exceptuadas de gravamen" para efectos del IRPF. Si se va a trasladar para largo tiempo, debe comunicarlo a la Administración y pasa a tributar la renta de No Residentes y no a cuenta del IRPF.

1.3.ESTRATEGIAS FISCALES EN RELACIÓN CON LA INVERSIÓN EN EL EXTERIOR

La filial tributará en el Estado de la fuente por el impuesto de sociedades por el beneficio obtenido y posterior dividendo distribuido, además de una retención en origen. Pero los servicios entre la matriz y su participada pueden modificar este esquema. Los servicios recibidos y pagados por la filial son un gasto deducible y reducen su beneficio, además de la tributación por el Impuesto de Sociedades.

Fórmulas de transferencia de beneficios. Las operaciones más frecuentes son:

✓ Asistencia técnica, retribuida con cánones.
✓ Servicios administrativos de apoyo a la gestión.
✓ Préstamos que generan interés.

También pueden realizar venta de productos, aplicando la política de precios de transferencia, vender a la filial a unos precios inferiores o superiores a los de mercado, de acuerdo con la estrategia fiscal que le interese más, siempre sin vulnerar la normativa aduanera respecto al valor en aduana de la mercancía.

Sociedades Holding. Sociedades de cartera que detentan las acciones de las filiales del grupo. La principal ventaja es que permiten aplazar la tributación en el Estado de destino de los rendimientos de sus inversiones en el extranjero. De hecho, si los beneficios no se repatriaran y se reinvirtieran, su gravamen se habría aplazado indefinidamente. Conviene situarlas en países con convenios de doble imposición, no en paraísos fiscales, que carecen de ellos, para que los dividendos o las plusvalías lleguen al holding sin haber tributado en origen o en escasa medida.

Sociedades de marcas y patentes. Muchas multinacionales constituyen en paraísos fiscales sociedades que son propietarias de sus intangibles, así se retrasa la tributación en el Estado matriz mientras los fon-dos no se transfieran.

Se ceden mediante **royalties** a otra sociedad de patentes y marcas interpuesta y creado al efecto. Son pagos deducibles y no tributan en origen, o de manera muy leve. En el país tampoco tributan, ya que se contraponen los gastos por royalties pagados a los royalties cobrados.

---

2. EL IVA EN LAS OPERACIONES INTRACOMUNITARIAS

La creación del Mercado Común en la UE el día 1 de enero del 93, supuso la abolición de las fronteras fiscales y la supresión de los controles en frontera. Los problemas estructurales y diferencias de los Estados, por los diferentes tipos impositivos, han sido determinantes en la etapa de régimen transitorio. Este régimen, para cuatro años, se ha convertido en indefinido. La fiscalidad del IVA en las operaciones intracomunitarias descansa sobre los siguientes principios básicos:

__La articulación del hecho imponible en la adquisición intracomunitaria de bienes__: la abolición de fronteras fiscales supone la desaparición de las importaciones entre los Estados miembros, pero la aplicación del principio de tributación en destino exige la articulación de este hecho imponible como solución técnica que posibilita la exigencia del tributo en el Estado miembro de llegada de los bienes.

__Las exenciones de las entregas intracomunitarias de bienes:__ es importante la delimitación de las exenciones de las entregas de bienes que se envían de unos Estados a otros al objeto de que, en la operación económica que se inicia en uno de ellos y se ultima en el otro, no se produzcan situaciones de no imposición o de doble tributación.

> Estarán exentas del impuesto cuando remitan desde un Estado miembro a otro, con destino al adquiriente, que habrá de ser sujeto pasivo o persona jurídica que actúe como tal. Es decir, la entrega en origen se beneficiará de la exención cuando dé lugar a una adquisición intracomunitaria gravada en destino, de acuerdo con la condición del adquiriente.

__El transporte como servicio fundamental en las operaciones intracomunitarias:__ la exención de la entrega en origen y el gravamen de la adquisición en destino se condicionan a que el bien objeto de dichas operaciones se transporte de un Estado miembro a otro. El transporte en el tráfico intracomunitario se configura como una operación autónoma de las entregas y adquisiciones y, contrariamente a lo que ocurría según la legislación anterior, *no está exento del impuesto*, si bien en conjunto este régimen de tributación resulta mejor porque las cuotas soportadas se pueden deducir y se evitan las dificultades derivadas de la justificación de la exención. Este transporte debe justificarse con la oportuna carta de porte, conocimiento aéreo o marítimo, CMR, etc.

Armonización del IVA a la importación: se encuentra totalmente armonizado, ya que se encuadra en lo que se denomina DEUDA ADUANERA, si bien con las salvedades referidas a los tipos de gravamen del IVA a la importación existentes en cada Estado.

Hecho imponible: El artículo 13 de la Ley establece que las adquisiciones intracomunitarias están sujetas si se efectúan a título oneroso, con una contraprestación dineraria. Si es intercambio o trueque, se producen dos de entrega exentas y dos de adquisiciones sujetas de forma simultánea. Las adquisiciones deben hacerse por empresarios no por particulares, éstos últimos no pueden deducirse las cuotas soportadas, solamente les afectaría la diferencia de tipos que pueda existir entre los que Estados.

Adquisiciones excluidas: no se consideran adquisiciones intracomunitarias las siguiente:

✓ En las que el transmitente goce del régimen de franquicia del IVA en el Estado miembro. En España no existe.
✓ Las adquisiciones de bienes cuya entrega haya tributado en el régimen especial de bienes usados, objetos de arte, antigüedades y objetos de colección.
✓ Las adquisiciones de bienes que se correspondan con las entregas de bienes que hayan de ser objeto de instalación o montaje.
✓ Las adquisiciones en régimen de ventas a distancia.
✓ Las adquisiciones con impuestos especiales
✓ Las adquisiciones cuya entrega en el Estado de origen de la expedición o transporte haya estado exenta del impuesto en concepto de operación asimilada

Adquisiciones no sujetas: en el artículo 14 de la Ley se recogen las adquisiciones no sujetas que constituyen excepciones a las normas generales de tributación. Requieren, para su aplicación, un requisito subjetivo y otro objetivo.

- *Requisito subjetivo:* tipos de personas (por ejemplo, los sujetos pasivos acogidos al régimen especial de la agricultura, ganadería y pesca).
- *Requisito objetivo:* límite de las operaciones (que no superen el año anterior 10.000€). La no sujeción se aplicará al año en curso hasta que las adquisiciones alcancen el citado umbral cuantitativo.

Exenciones: vienen recogidas en el artículo 25, las exenciones en las entregas de bienes destinados a otros Estados miembros y en el artículo 26, se refiere a las exenciones en las adquisiciones intracomunitarias de bienes propiamente dichas. Están excluidas del hecho imponible las siguientes entregas:

✓ Entregas intracomunitarias en general, gravadas en destino o territorio del adquiriente

- ✓ Entregas intracomunitarias de medios de transporte nuevos a sujetos pasivos ocasionales
- ✓ Entregas en tiendas libres de impuestos a viajeros que realicen vuelos o travesías intracomunitarias
- ✓ Entregas intracomunitarias de bienes usados, objetos de arte, antigüedades y objetos de colección no acogidas al régimen especial
- ✓ Operaciones asimiladas a entregas intracomunitarias de bienes En las adquisiciones intracomunitarias:
- ✓ Adquisiciones intracomunitarias de bienes cuya entrega en el territorio del impuesto hubiera estado, en todo caso, no sujeta o exenta
- ✓ Adquisiciones intracomunitarias de bienes cuya importación hubiera estado, en todo caso, exenta del impuesto
- ✓ Adquisiciones intracomunitarias de bienes respecto de las cuales se atribuya al adquiriente el derecho a la devolución total del impuesto devengado por las mismas.

Base imponible, tipos y sujeto pasivo: La base imponible estará en el artículo 82 de la LIVA, por el importe de la contraprestación a satisfacer por el adquiriente, siéndole de aplicación las reglas contenidas en los artículos 79 y 80 de modificación y determinación de dicha base. Los tipos coinciden con los generales, establecidos en los artículos 90 y 91 de la ley, y consisten en un tipo normal del 16%, un tipo reducido del 7% y un tipo superreducido del 4%, que se aplicarán a las adquisiciones intracomunitarias con los mismos criterios con que se aplican en el régimen general del IVA. El sujeto pasivo siempre será el adquiriente de los bienes y la ley remite al artículo 71.

Operativa en una adquisición intracomunitaria:

- ✓ La empresa española debe obtener el NIF intracomunitario con anterioridad a la operación, dándose de alta en el Registro de Operadores Intracomunitarios, según la Orden Ministerio de Hacienda 2567/2003 apartado 7º, aunque la AEAT tiene la obligación de incluir a los sujetos pasivos del IVA que en los 12 meses anteriores hayan realizado entregas o adquisiciones intracomunitarias de bienes sujetas a este tributo. Una vez dado de alta se lo comunicará a su cliente o proveedor.
- ✓ El proveedor comunitario emite una factura por valor del importe de la operación, sin IVA.
- ✓ La empresa española recibe la mercancía y debe ahora repercutirse el IVA como sujeto pasivo.

El IVA en la Facturación internacional:

Entregas intracomunitarias: de bienes corporales muebles, el vendedor debe realizar una factura exenta de IVA. Como desde el 1 de enero del 2004 ya no existe la autofactura para los adquirientes, se debe proceder de la siguiente manera: se realizará una anotación en el libro de registro de facturas y se consignará la adquisición con "IVA deducible de las operaciones intracomunitarias" para la liquidación del correspondiente período. *En caso de las facturas por prestación de servicios, el vendedor deberá asimismo realizar la factura sin IVA y el adquiriente deberá realizar una autofactura que haga referencia al número de la factura del vendedor intracomunitario del servicio y proceder en la misma a la auto repercusión del IVA. En la liquidación-declaración del período deberá ir en el documento al IVA devengado del régimen general*

Operaciones con terceros países: en el caso de las facturas de exportación están exentas del IVA, ya que no procede incluir IVA en los envíos a terceros países, fuera de la UE. Deben incluirse en el libro correspondiente a las facturas emitidas. En proveedores de terceros países, estarán exentas de IVA.

El IVA en las prestaciones de servicios intracomunitarios. Los servicios no están regulados específicamente en su vertiente intracomunitaria. Tan sólo el apartado 2º del artículo 70 de la LIVA menciona la regulación de los servicios. Se produce la llamada "inversión del sujeto pasivo", ya que será el destinatario el que tendrá que autoliquidarse el impuesto para posteriormente deducirse las cuotas ingresadas. La repercusión del IVA en el documento de declaración debe hacerse como IVA devengado en régimen general, mientras que el soporte o deducción de este debe realizarse en la casilla correspondiente al IVA deducible de operaciones interiores, y ello, por la ya mencionada regla de inversión del sujeto pasivo. Entro otros son:

- ✓ Cesiones y concesiones de derechos de autor
- ✓ Cesión o concesión de fondos de comercio
- ✓ Gestión de empresas
- ✓ Servicios de publicidad
- ✓ Servicios profesionales de asesoramiento y similares
- ✓ Tratamiento de datos por procedimientos informáticos
- ✓ Suministro de información (cesión de bases de datos)
- ✓ Operaciones de seguro que no gocen de exención
- ✓ Arrendamiento de bienes muebles corporales, con excepción de los medios de transporte y los contenedores.

> **En cuanto a la regla de localización de la sede del destinatario del servicio**, el artículo 70 dispone que "si los servicios anteriores se prestan entre empresarios o profesionales establecidos en la UE, la tributación será la sede del destinatario del servicio, y no tributarán en España estos servicios cuando se presten por empresario o profesional establecido en España, y el destinatario sea empresario o particular residente fuera del territorio de la UE".

En relación con el IVA en los servicios de transporte, debemos distinguir entre tres actividades:

☐ Transportes intracomunitarios: se consideran realizados en el territorio de aplicación del impuesto cuando se inicie el transporte endicho territorio, salvo que el destinatario del transporte hubiese comunicado al transportista un número de identificación a efectos de IVA atribuido por otro Estado Miembro. También cuando el transporte se inicia en otro Estado, pero el destinatario del servicio haya comunicado al transportista un número de identificación a efectos de IVA atribuido por la Administración Española

☐ Servicios accesorios al transporte: cuando se presten materialmente en dicho territorio, salvo que el destinatario hubiese comunicado al prestador del servicio un número de identificación a efectos de IVA atribuido a otro Estado. También si se hubiesen prestado materialmente en otro Estado miembro, pero el destinatario hubiese comunicado al prestador del servicio un número de identificación a efectos del impuesto atribuido por la Administración Española.

☐ Servicios de mediación en transportes intracomunitarios: estos servicios tributarán el IVA en el lugar donde se inicie el transporte y en el lugar del destinatario del servicio que haya comunicado al prestador del mismo si NIF intracomunitario.

2.1. EL IVA EN LAS OPERACIONES CON TERCEROS PAÍSES

El artículo 18 de la LIVA define la importación como "la entrada física de bienes en el territorio de aplicación del impuesto". Por lo tanto, solamente pueden ser de bienes no de servicios. Los bienes no han de ser comunitarios ni tampoco haber sido despachados a libre práctica en otro Estado Miembro mediante el pago de los correspondientes derechos de importación.

Hecho imponible y exenciones. En los países de la UE existen áreas exentas en las cuales los bienes pueden entrar sin satisfacer ni los derechos de importación ni el IVA. Estas áreas, así como diversos regímenes de suspensión de los derechos de importación, están recogidas en los artículos 23 y 24 de la LIVA. En estos casos, la importación se producirá cuando los bienes situados en estas áreas exentas o vinculados a esos regímenes suspensivos abandonen dichas áreas o se desvinculen de esos regímenes. En el caso de importaciones que tienen por destino un Estado miembro distinto del Estado de entrada del bien, se establecen dos supuestos:

➢ Cuando los bienes lleguen a la UE al amparo del régimen de tránsito comunitario externo T-1, la importación se realiza en el Estado miembro donde se ultime el tránsito.

➢ Cuando los bienes no lleguen al amparo de dicho régimen de tránsito, la importación a libre práctica se produce en el Estado miembro de entrada y el envío al Estado miembro de destino se realiza a través de una operación intracomunitaria de entrega exenta y de adquisición sujeta.

En el mencionado artículo 27 de la LIVA, se recogen unas exenciones:

✓ Exenciones a las importaciones definitivas de bienes con franquicia arancelaria. Por ejemplo, bienes personales en una mudanza, importaciones en régimen de viajeros, bienes de escaso valor

✓ Exención a las importaciones de productos de la pesca

✓ Exenciones a las importaciones de bienes en régimen diplomático o consular y a las destinadas a organismos internacionales

✓ Exenciones técnicas, por ejemplo, las que se establecen para evitar la doble imposición.

✓ Base imponible, tipos y sujeto pasivo. La base imponible de las importaciones viene recogida en el artículo 83 de la LIVA y está constituida por el valor en aduana de los productos importados, determinado de acuerdo con el código de valoración GATT recogido en el Código Aduanero Comunitario, en los artículos 29 a 32, y definido como "*el **valor de transacción**, el precio efectivamente pagado o por pagar de las mercancías importadas (normalmente el precio de factura) pactado entre el vendedor y el comprador*". A este valor hay que añadir una serie de gastos accesorios que forman parte de la operación de importación:

✓ Comisiones de venta.

✓ Coste de envases y embalaje.

✓ Gastos de transporte, carga y seguro hasta el lugar de entrada de la mercancía en territorio comunitario.

✓ Cánones y derechos de licencia que el comprador esté obligado a pagar como condición de la venta al vendedor para integrarse en los productos objeto de importación.

✓ Participaciones en el precio de reventa, cesión o utilización de los bienes importados, que se reconozca o revierta a favor del vendedor. Una vez determinado el valor en aduana por el método que proceda, para la determinación de la base imponible del IVA en las importaciones se han de añadir los siguientes conceptos:

- Impuestos, derechos, exacciones y demás gravámenes: derechos arancelarios, impuestos especiales devengados a la importación, exacciones reguladoras agrícolas y demás gravámenes a la importación previstos en la Política Agrícola Común y cualquier gravamen que se devengue con motivo de la importación

- Los gastos accesorios como las comisiones, gastos de embalaje, transporte y seguro que se produzcan hasta el primer lugar de destino de la UE. Se entenderá por primer lugar de destino el que figure en la carta de porte o en cualquier otro documento que ampare la entrada de los bienes en la UE.

Con carácter general, el importador es siempre sujeto pasivo, con independencia de su condición de empresario o no y del fin a que se destinen los bienes importados, sea al consumo particular o una actividad económica. También se considera importadores a los viajeros, responsables subsidiarios del pago del impuesto a RENFE, cuando actúa en nombre de terceros en virtud de convenios internacionales, Cámara de Comercio con los cuadernos ATA, los Agentes de Aduanas, cuando actúen en nombre propio y por cuenta de sus comitentes, responsables subsidiarios.

☐ **Operativa**. El proceso para calcular la cuota correspondiente al IVA a la importación:

1. Hallar la base imponible de los derechos de arancel a la importación, incluyendo los gastos accesorios.
2. Calcular la cuota a los derechos de arancel o a los impuestos especiales, según la mercancía esté sujeta.
3. Calcular la base imponible del IVA a la importación a partir del valor en la aduana.
4. Añadir conceptos que no estén comprendidos en la base imponible.
5. Aplicar los tipos respectivos para obtener la cuota del IVA a la importación.

2.2. EL IVA EN LAS OPERACIONES ASIMILADAS A LA IMPORTACIÓN

Se consideran operaciones asimiladas a la importación, las salidas de las áreas exentas o el abandono de los regímenes suspensivos de los bienes cuya entrega o adquisición intracomunitaria para ser introducidos en las citadas áreas o vinculados a dichos regímenes, se hubiese beneficiado de la exención establecida en el 36.1 de la LIVA o hubiesen sido objeto de entregas o prestaciones de servicios igualmente exentas por dichos artículos.

Se trata siempre de bienes originarios de la UE cuya entrega interior o adquisición intracomunitaria estuvieran exentas debido a su destino a un área exenta o a un régimen suspensivo, por lo que el abandono de estas situaciones supone que, para restablecer la neutralidad del impuesto, se grabe la salida como operación asimilada a importación. No se incluyen las salidas de bienes procedentes de países o territorios terceros, pues tales salidas constituyen importación en sentido estricto.

- Base imponible, tipos y sujeto pasivo. La base imponible será la de la última transacción exenta, añadiéndole gastos y servicios realizados al amparo de los regímenes considerados exentos. Los tipos serán los mismos que para el IVA interior, es decir, los recogidos en los artículos 90 y 91 de la LIVA. El momento en que se consideran realizadas las operaciones asimiladas a la importación será, según el 72.2, el momento en que tengan lugar las circunstancias que se indican en cada supuesto.
- Operativa. Veamos un ejemplo para ver la operativa: una empresa española con sede en Barcelona adquiere en Alemania una serie de bienes: 100 camisas a 5€ y las introduce en España en un depósito distinto al aduanero. La empresa alemana factura los 500 € sin IVA y la empresa española, en lugar de realizar los pasos previstos para las adquisiciones intracomunitarias, hace lo siguiente:
- Presenta en la Aduana de control, que será la más cercana a su depósito distinto del aduanero, un DUA simplificado para que le autoricen la entrada en dicho depósito
- No se produce la auto repercusión del IVA
- Vende 10 de las camisas en España a un cliente de Zaragoza y realiza las siguientes operaciones: Factura al cliente de Zaragoza a 7€ la camisa y produce una factura de 70€ más el 21% de IVA que ingresará en un modelo 300 como IVA devengado en régimen general De las 100 camisas, ya solamente quedan 90. Ahora debe declarar el IVA asimilado a la importación. Rellena el impreso 380 para pagar el IVA asimilado de las 10 camisas, siendo la base imponible de este IVA asimilado a la importación 50€ (5€ X 10 camisas). A esta base se le aplica el tipo correspondiente, en este caso es el 21% para obtener la cuota.

2.3. DOCUMENTOS QUE PRESENTAR

✓ Operaciones intracomunitarias
✓ Modelo 036 para darse de alta en el censo
✓ Modelo de declaración, mensual o trimestral, según le corresponda a la empresa por su volumen de operaciones totales
✓ Modelo 349 comprensivo de las operaciones intracomunitarias, sólo de bienes corporales muebles, tanto de entrega como de adquisición, excluyendo los servicios adquiridos o prestados
✓ Modelo de Intrastat correspondiente si supera el umbral
✓ Operaciones de importación
✓ En la aduana, el DUA. Hay que proceder al ingreso del IVA con el modelo 031 girado por la Aduana de Importación
✓ La deducción del IVA a la importación mediante el modelo mensual o trimestral
✓ ***Operaciones asimiladas a la importación:*** modelo 380. La deducción del IVA asimilado se hace en el mismo modelo 380.

3. LOS MEDIOS DE PAGO INTERNACIONALES

Toda transacción comercial a nivel internacional requiere establecer una serie de premisas previas como medios de pago y garantías bancarias. La inseguridad en el cobro implica que tanto el importador como el exportador mantengan cierta cautela a la hora de elegir un sistema de cobro seguro. Por todo ello, se han creado los medios de pagos simples y documentarios.

3.1. MEDIOS DE PAGO SIMPLES

Cada operación que vamos a realizar en el comercio internacional precisa de un estudio individualizado de riesgos comerciales del importador, riesgo país, para decidirnos por una transferencia, por un cheque bancario, por una remesa simple. Es fundamental analizar la confianza que tenemos en nuestro cliente. Veamos los principales medios de pago simples:

3.1.1. CHEQUE BANCARIO

Es el título emitido por una entidad financiera con cargo a fondos propios, que lleva implícito un pago a favor de un beneficiario. En el intervienen:

- **Ordenane.** Persona física o jurídica que da instrucciones al banco librador para extender el cheque.
- **Banco librador o emisor.** Banco que emite el cheque.
- **Banco librado o pagador.** Banco extranjero corresponsal del banco emisor que debe efectuar el pago. A veces es el mismo banco emisor.
- **Beneficiario.** Persona física o jurídica a la que se abona el importe del cheque.

El cheque bancario funciona del siguiente modo:

- ✓ **Emisión del cheque.** El ordenante acude a una oficina del banco o caja o al Departamento de Extranjero, y rellena un impreso de Solicitud de Orden de Pago, marcando la opción cheque bancario. La oficina remite la solicitud al Departamento de Extranjero, el cual emite el cheque en euros u otra divisa según las instrucciones reflejadas en la solicitud y haciendo el cargo en la cuenta del cliente. Se entrega el cheque al ordenante directamente o a través de la oficina.
- ✓ **Entrega del cheque bancario al beneficiario.** El ordenante, entrega el cheque bancario en persona o por correo certificado o urgente al beneficiario extranjero, cumpliendo con su obligación de efectuar el pago.
- ✓ **Compensación y cobro del cheque.** El beneficiario, exportador extranjero, presenta el cheque bancario a su banco.
- ✓ El banco del exportador presenta el cheque al banco librado cuyo nombre y dirección aparecen reflejadas en el cheque bancario. El banco librado, tras comprobar que el cheque es correcto, abona al banco del exportador, y carga en la cuenta que tiene en común con el banco emisor del cheque bancario. Los bancos utilizan los mismos sistemas de gestión de cobro tanto para los cheques bancarios como para los cheques personales. Son los siguientes:
- ✓ **Descuento o Negociación.** En este caso el banco abona el cheque directamente al beneficiario, menos las comisiones si las hubiese, antes de compensar el cheque con el banco librado. Para agilizar los cobros de cheques y evitar el envío individualizado, se firman acuerdos de "cash letter ", con un banco en cada país, normalmente, al que se le envían todos los cheques recogidos para que se en-cargue de cobrarlos.

> Existe un riesgo para el banco del exportador, por eso se abona al cliente "salvo buen fin ", aunque al tratarse de un cheque bancario la seguridad de cobro es mayor que en los cheques personales, ya que es el banco emisor el que paga, con mayor solvencia que una empresa o particular que se pueda quedar sin fondos.

✓ **Gestión de cobro.** El banco exportador va a esperar ahora a cobrar el importe del cheque para una vez en su poder, abonárselo a su cliente beneficiario del cheque menos las comisiones si las hubiese. El exportador tardará más tiempo en cobrar el cheque, aunque el banco exportador no asume ningún riesgo. Normalmente se abonan los cheques con valor desde dos días a seis, dependiendo de importes y divisas. También se efectúan las gestiones de cobro de cheques que se presen-tan en entidades financieras extranjeras.

El cheque bancario presenta una serie de ventajas en inconvenientes:

En cuanto a las ventajas:

➢ Una ventaja importante es la seguridad que aporta respecto al cheque personal. Un cheque bancario siempre va a tener fondos, por lo que se reduce el riesgo de impago a la solvencia del banco.
➢ Además su gestión de cobro es más ágil y accesible que el cheque personal.
➢ Su coste es más bajo que otros medios de pago documentarios, como las remesas o los créditos documentarios.

Con respecto a los inconvenientes:

➢ El tiempo de cobro del cheque bancario es más lento que otros medios de pago como la transferencia.
➢ Existe el riesgo de pérdida por extravío o robo del cheque bancario, o de falsificación.

3.1.2. TRANSFERENCIAS

La transferencia bancaria también llamada orden de pago simple, es un pago que efectúa el banco del importador al banco del exportador, el cual abona los fondos en la cuenta de su cliente cobrador. Esta forma de pago se hace por medios electrónicos, siendo el más utilizado el sistema SWIFT. La red swift agrupa a la gran mayoría de los bancos del mundo, y hace posible una comunicación rápida y segura entre ellos.

> Al no tener todos los bancos del mundo cuentas intercambiadas se trabaja a través de bancos corresponsales, que actúan de intermediarios en diferentes países, y con la divisa del país donde se encuentran.

En ella intervienen:

✓ **Ordenante.** Es el importador o pagador. Da instrucciones a su banco solicitando la emisión de la transferencia con cargo a una cuenta suya.
✓ **Banco emisor.** Recibe instrucciones del ordenante, las comprueba y si estima oportuno emite la transferencia a través del sistema swift de comunicación interbancaria.
✓ **Banco corresponsal.** Aparece cuando la transferencia se haga en divisa distinta a la del país del banco emisor, es necesaria la intervención de un banco situado en el país de la misma divisa que la transferencia. También se utilizan corresponsales cuando no existen sistemas de compensaciones directos entre el banco emisor y el banco pagador.
✓ **Banco pagador.** Es el banco donde el beneficiario del pago tiene la cuenta donde llega el dinero de la transferencia.
✓ **Beneficiario.** Cobrador o exportador. Recibe en su cuenta los fondos.

El funcionamiento de la transferencia es el siguiente:

Solicitud de la orden de pago. El importador solicita a su entidad financiera la emisión de la transferencia cumplimentando un impreso de solicitud de orden de pago.

Se tienen que aportar los siguientes datos:

✓ Identificación del ordenante (pagador).
✓ Identificación del beneficiario (cobrador).
✓ Importe de la transferencia en números y letras.
✓ Divisa en que se hace la transferencia.
✓ Identificación del banco pagador extranjero. Nombre y plaza del banco donde tiene cuenta el beneficiario de la transferencia. Código swift o bic. (Código bancario internacional). Está formado por 8 u 11 dígitos alfanuméricos que contienen la identificación del nombre y oficina del banco y el país donde se encuentra.
✓ Número de cuenta bancaria del beneficiario.

Debe contener los números identificativos del banco y sucursal donde se destina el dinero. Hay que tener en cuenta que la forma de codificar en números los ban-cos y oficinas, es distinta en cada país, no existiendo un mismo criterio. **Iban** (número de cuenta internacional). Es un intento europeo por identificar los números de cuenta bancarias en Europa de forma semejante. Los dos primeros dígitos son los identificativos del país (ES es España), los dos siguientes son de control, y el resto es el número de cuenta completo que incluye información del nombre del banco, de la oficina, y el número de cuenta particular.

✓ Código estadístico o concepto de la transferencia, obligatorio en pagos superiores a 12.500 euros. Requerido para justificar ante el Banco de España, la salida de fondos del país. Con esta información se hace un seguimiento de los movimientos de dinero entre residentes y no residentes y el Ministerio de Economía elabora la Balanza de Cobros y Pagos.

✓ Distribución de los gastos bancarios de la transferencia. En los pagos internacionales, tanto el banco emisor como el pagador cobran unas comisiones por la transferencia. Existen tres tipos de distribución de gastos bancarios entre el ordenante y el beneficiario del pago:

> La gran mayoría de los bancos del mundo trabaja con el sistema de comunicaciones **swift,** **(Society of worldwide internacional financial Transactions)** y tiene asignado un código identificativo llamado código swift.

✓ Gastos **SHA** (compartidos). El ordenante paga las comisiones de su banco emisor y el beneficiario las de su banco pagador de la transferencia.

✓ Gastos **OUR** (por cuenta del ordenante). El ordenante paga los gastos de su banco y los del banco pagador extranjero. El beneficiario no paga gastos.

✓ Gastos **BEN** (por cuenta del beneficiario). El beneficiario paga los gastos de su banco y los del banco emisor de la transferencia. El ordenante no paga gastos.

✓ **Emisión de la transferencia.** El banco emisor, si considera suficientes los datos de la solicitud de la orden de pago, acepta la misma y emite la transferencia (orden de pago). Efectuará el cargo en la cuenta del ordenante, por el importe en euros o en el contravalor de la divisa, más las comisiones cuando proceda. Se manda la información del pago al pago extranjero, y se compensa a través de bancos corresponsales, o *sistemas target* (bancos centrales europeos) o *eba,* dependiendo casos. La valoración de la transferencia en euros es de un día y en divisas de dos días.

✓ **Recepción y abono de los fondos**. El banco pagador recibe los fondos de la transferencia y los ingresa, descontando las comisiones cuando corresponda, en la cuenta de su cliente beneficiario de la transferencia.

Podemos encontrarnos con los siguientes tipos de transferencias:

Trasferencias a la Unión Europea. La ley 9/1999 regula los pagos dentro de la Unión Europea y en las divisas de sus países miembros. Su objetivo es conseguir un incremento en la agilidad de pago y una reducción de costes bancarios, para poderlos equiparar a los costes bancarios nacionales. Para lograrlo, se pide una utilización de todos los datos bancarios necesarios, incluido el Iban y el código swift, penalizando las transferencias que tengan datos incompletos.

Resto de transferencias. Son las no reguladas por la ley 9/1999 sobre transferencias transfronterizas de la Unión Europea. El utilizar transferencias en las operaciones de comercio internacional supone una serie de ventajas e inconvenientes.

☐ En cuanto a las ventajas podemos citar:

➢ Sencillez de tramitación. Sólo es necesario que el ordenante aporte los datos bancarios completos del beneficiario, el importe y divisa y el concepto si es un pago superior a 12.500 euros. Fácil accesibilidad tanto para particulares como para empresas.
➢ Medio de pago muy seguro. Al ser efectuado por vía electrónica, no existe riesgo de falsificación ni de extravío.
➢ Forma rápida de hacer un pago. No existe una negociación o gestión de cobro como con los cheques, y se gana en agilidad sobre los medios de pago documentarios.
➢ Bajo coste. Las comisiones de las transferencias son pequeñas, similares a las de los cheques, y más baratas que las remesas o créditos documentarios.
➢ Por el contrario, supone los siguientes inconvenientes:
➢ No cubre el riesgo comercial de cobro. En los casos en que se entregue la mercancía antes de hacer el pago depende de la seriedad del importador para cumplir plazo de pago.

3.1.3. REMESAS SIMPLES

La remesa simple o *clean collection* es un medio de pago por el cual el exportador entrega a su banco un documento financiero para que proceda a gestionar su cobro.

Las entidades bancarias que intervienen se encargarán únicamente de gestionar el cobro por cuenta del exportador, dentro del marco de las reglas establecidas por la Cámara de Comercio Internacional y de las buenas prácticas bancarias, sin asumir ninguna otra responsabilidad que no sea las de carácter técnico.

Este medio de pago exige una cierta confianza entre el comprador y el vendedor, ya que el riesgo de cobro no está cubierto por el banco. Puede ocurrir que el exportador exija la aceptación de la letra de cambio, pero avalada por el banco del importador, convirtiéndose la remesa simple en un aval bancario a través del efecto financiero. Aquí es importante que el banco extranjero sea reconocido internacionalmente para limitar el riesgo bancario.

Consideramos documentos financieros o efectos las letras de cambio, pagarés, cheques recogidos en gestión de cobro, recibos financieros y otros documentos análogos. Cuando el importador no hace el pago de una remesa que ha aceptado previamente, el exportador puede utilizar ese documento financiero aceptado para reclamaciones ante la justicia competente.

En España, los efectos como letras de cambio, pagarés cambiarios expedidos sin cláusula "no a la orden ", y otros documentos que cumplan función de giro en pagos internacionales, deben estar timbrados para cumplir la ley sobre transmisiones patrimoniales y actos jurídicos documentados.

Las partes que intervienen en una remesa simple son:

➢ Cedente. Es el exportador que entrega a su banco un documento financiero librado a favor del importador, para que gestione su cobro. Salvo instrucciones contrarias los gastos bancarios ocasionados en la remesa van a ser por cuenta suya.
➢ Banco del exportador (banco remitente). Banco que, según las instrucciones recibidas de su cliente, remite el documento financiero al banco del importador encargado del cobro.
➢ Banco del importador (banco presentador). Recibe la remesa del banco del exportador y la presenta al importador para obtener su cobro.
➢ Librado. Es el importador, que efectúa el pago según las instrucciones de su banco. Según la fecha de pago de la remesa, distinguimos entre los siguientes tipos de remesas simples:
➢ Pagaderas a la vista. El importador o librado debe efectuar el pago de la remesa en el momento en que le sea presentada.

➤ Pagaderas a plazo. El pago se hace en una fecha de vencimiento predeterminada. Según las instrucciones del banco del exportador, se puede exigir la aceptación por parte del importador del documento financiero o no exigirla.

Las entidades bancarias que intervienen se encargarán únicamente de gestionar el cobro por cuenta del exportador, dentro del marco de las reglas establecidas por la Cámara de Comercio Internacional y de las buenas prácticas bancarias, sin asumir ninguna otra responsabilidad que no sea las de carácter técnico.

Este medio de pago exige una cierta confianza entre el comprador y el vendedor, ya que el riesgo de cobro no está cubierto por el banco. Puede ocurrir que el exportador exija la aceptación de la letra de cambio, pero avalada por el banco del importador, convirtiéndose la remesa simple en un aval bancario a través del efecto financiero. Aquí es importante que el banco extranjero-ro sea reconocido internacionalmente para limitar el riesgo bancario.

Consideramos documentos financieros o efectos las letras de cambio, pagarés, cheques recogidos en gestión de cobro, recibos financieros y otros documentos análogos.

Cuando el importador no hace el pago de una remesa que ha aceptado previamente, el exportador puede utilizar ese documento financiero aceptado para reclamaciones ante la justicia competente.

En España, los efectos como letras de cambio, pagarés cambiarios expedidos sin cláusula "no a la orden ", y otros documentos que cumplan función de giro en pagos internacionales, deben estar timbrados para cumplir la ley sobre transmisiones patrimoniales y actos jurídicos documentados.

Las partes que intervienen en una remesa simple son:

➢ Cedente. Es el exportador que entrega a su banco un documento financiero librado a favor del importador, para que gestione su cobro. Salvo instrucciones contrarias los gastos bancarios ocasionados en la remesa van a ser por cuenta suya.

➢ Banco del exportador (banco remitente). Banco que, según las instrucciones recibidas de su cliente, remite el documento financiero al banco

➢ del importador encargado del cobro.

➢ Banco del importador (banco presentador). Recibe la remesa del banco del exportador y la presenta al importador para obtener su cobro.

➢ Librado. Es el importador, que efectúa el pago según las instrucciones de su banco.

➢ Según la fecha de pago de la remesa, distinguimos entre los siguientes tipos de remesas simples:

➢ Pagaderas a la vista. El importador o librado debe efectuar el pago de la remesa en el momento en que le sea presentada.

➢ Pagaderas a plazo. El pago se hace en una fecha de vencimiento predeterminada. Según las instrucciones del banco del exportador, se puede exigir la aceptación por parte del importador del documento financiero o no exigirla.

Una vez acepado el efecto, puede quedarse el documento en poder del banco del beneficiario o devolverlo al banco del exportador para luego presentarlo en el momento del vencimiento otra vez y hacer el pago a la vista. Normalmente se queda en poder del banco del importador.

3.2. MEDIOS DE PAGO DOCUMENTARIOS

Los medios de pago documentarios son los más seguros, aunque requieren la tramitación entre bancos de documentos comerciales, de transporte u otro tipo de documentos, y resultan más caros. Sin embargo, podemos repercutir los gastos financieros a nuestros clientes. Veamos los principales medios de pago documentarios:

3.2.1. REMESA DOCUMENTARIA

La remesa documentaria o "***documentary collection***" es un medio de pago formado por documentos comerciales y uno o varios documentos financieros, que un exportador entrega a su banco para que gestione su cobro. Los documentos comerciales son aquellos que no son financieros, el fundamento de Comercio Exterior, son los documentos comerciales más utilizados, factura, documento de transporte, documento de seguro, etc.) Las partes que intervienen en este medio de pago son las mismas que en la remesa simple.

La remesa documentaria se desarrolla siguiendo el mismo procedimiento que para las remesas simples, ya que la única diferencia es que en la documentaria aparecen más tipos de documentos:

➤ Entrega de documentos del exportador a su banco. El exportador, cuando envía la mercancía al importador, acude a su banco con los documentos comerciales y financieros que ha acordado previamente con su cliente extranjero, y da instrucciones a su banco (banco remitente) acerca de cómo gestionar el cobro, en qué condiciones y con qué banco extranjero. Paralelamente, realiza el envío de la mercancía según las condiciones previstas en el contrato de compraventa.

➤ Envío de la remesa documentaria al banco presentador. El banco del exportador o banco cobrador, siguiendo las instrucciones de su cliente envía los documentos al banco presentador (banco del importador), adjuntando una carta de presentación donde se indican las características de la remesa.

➤ Entrega de documentos al importador, por parte de su banco. El banco presentador pone a disposición de su cliente, el importador, los documentos, el cual podrá retirarlos contra pago o contra aceptación del documento financiero. Con los documentos el importador procederá a retirar la mercancía de la aduana, cuando llegue a destino.

➤ Pago de la remesa documentaria. Una vez entregados los documentos al importador, el banco presentador sigue las instrucciones de la remesa y hace el pago si ésta es pagadera a la vista o comunica la aceptación del efecto si es pagadera a plazo, haciendo el pago a su vencimiento.

> Si el importador no acepta el efecto o no retira los documentos, su banco deberá informar al banco del exportador, el cual se lo comunicará a su cliente. En caso de que sigan sin aceptar-se los documentos el banco cobrador pedirá la devolución de estos por parte del banco presentador.

La remesa documentaria presenta tanto ventajas como inconvenientes:

- ✓ Con respecto a las ventajas nos encontramos:
- ✓ Este medio de pago es más barato que el crédito documentario.
- ✓ El exportador tiene la seguridad de tener la posesión de la mercancía hasta el momento en que el importador hace el pago o se compromete a ello aceptando el efecto.
- ✓ El importador puede obtener financiación del exportador si la remesa tiene pago aplazado.
- ✓ Por el contrario, también plantea los siguientes inconvenientes:
- ✓ Este sistema de pago no es tan seguro como un crédito documentario, en el que al menos un banco avala el pago.
- ✓ El importador debe tomar en consideración la posibilidad de falsificación de los documentos.
- ✓ El importador no puede revisar la mercancía antes de aceptar o efectuar el pago, por lo que se tiene que fiar de los documentos.
- ✓ Cuando el importador no acepte pagar, el exportador se tendría que hacer cargo de los costes de almacenamiento en el puerto o aduana de destino y del coste del transporte en el caso que regrese la mercancía al país del exportador.

A las remesas documentarias se les aplica la siguiente legislación:

Reglas Uniformes relativas a las Cobranzas, revisión 1995, publicación número 522 de la Cámara de Comercio Internacional. Son unas normas de carácter privado emitidas por la Cámara de Comercio Internacional. Para acogerse a ellas hay que ponerlo por escrito en la carta de presentación del banco con las características de la remesa.

> El dictamen que pueda emitir la Cámara de Comercio Internacional ante un conflicto entre las partes no es vinculante en la justicia ordinaria de un país, pero se puede utilizar ante la misma como resolución de un conjunto de expertos en comercio internacional.

3.2.2. CRÉDITOS DOCUMENTARIOS

Un crédito documentario es el compromiso que una entidad financiera adquiere, a petición de su cliente importador y siguiendo instrucciones suyas, de avalar el pago de una mercancía al exportador, contra la entrega por parte de este de determinados documentos exigidos, que demuestren que se han cumplido todos los términos y condiciones estipulados en este medio de pago.

En el intervienen:

- ➢ **Ordenante.** Es la empresa importadora que pide a su banco emitir un crédito documentario según las instrucciones pactadas previamente con el exportador. Solicita una línea de riesgo de comercio exterior en su banco para poder realizar el crédito documentario o si la tiene, comprueba que tiene riesgo disponible.
- ➢ **Banco emisor del crédito documentario.** Recibe la solicitud de apertura del crédito de su cliente, el ordenante, estudia el riesgo, y si se aprueba, procede a abrir el crédito, informando al banco avisador en el país del beneficiario vía swift de las características de este. Una vez emitido el crédito se compromete en firme a hacer el pago en las condiciones pactadas.
- ➢ **Banco intermediario.** Es el banco al que se dirige el banco emisor cuando éste emite el crédito documentario. Recibe las instrucciones del crédito y las hace llegar bien al banco avisador, o bien al beneficiario directamente (si el banco intermediario coincide con el banco avisador).
- ➢ **Banco avisador.** Normalmente es el banco en el que el exportador tiene cuenta. Recibe las instrucciones de apertura del banco intermediario y avisa al beneficiario de esta. Cuando el exportador entrega los documentos, les comprueba y les hace llegar al banco emisor. Dependiendo de cómo sea utilizable el crédito, podrá iniciar el cobro del crédito o esperar a que el banco emisor pague para luego abonar al beneficiario. Según si es pagadero en las cajas del banco emisor o no.
- ➢ **Beneficiario.** Es la empresa exportadora que recibe a su favor el importe del crédito documentario. Se encargará de conseguir los documentos pactados y cumplir las condiciones de entrega reflejadas en este medio de pago.
- ➢ **Banco confirmador.** En el caso de que el crédito sea confirmado, el banco confirmador adquiere las mismas obligaciones que el banco emisor.
- ➢ **Banco pagador.** Dependiendo de qué banco inicie el pago (utilización del crédito) esta función de banco pagador la podrá ejercer los siguientes:
  - ✓ Banco emisor, si es pagadero en sus cajas.
  - ✓ Banco avisador, si es pagadero en sus cajas.
  - ✓ Banco confirmador, el que añade su compromiso de pago, puede ser el banco avisador.

✓ Banco negociador, cuando el crédito es pagadero de forma negociable en un banco determinado.

✓ Cualquier banco, cuando el crédito sea negociable libremente en cualquier entidad de un país.

El funcionamiento del crédito documentario es el siguiente:

✓ Solicitud del crédito documentario. El importador, una vez acordado con el exportador el pago de la mercancía mediante crédito documentario acude a su banco para solicitar la emisión de este. Cuando se emite un crédito documentario se han de considerar los siguientes aspectos:

✓ Tolerancia. En el importe, cantidad, y precio unitario indicado, se permite una diferencia de hasta el 5% en más o en menos, debiéndose concretar qué tanto por ciento se admite. Va desde 0 a 5 por ciento.

✓ Lugar y fecha límite para presentar documentos. Máxima fecha autorizada para que los documentos requeridos lleguen al banco donde se tienen que revisar y comprobar que los documentos presentados son los pedidos, y utilizar (disponer), o sea, una vez revisados los documentos, iniciar el pago o emitir discrepancias (si los documentos o plazos de entrega no son los correctos). El lugar de presentación de documentos se refiere a dónde va a ser utilizado el crédito, o sea, donde se sitúe el banco pagador.

✓ Lugares de origen y destino. Mencionar de dónde sale la mercancía y hacia qué ciudad es destinada.

✓ Posibilidad de envíos fraccionados. Si el exportador puede hacer varios envíos del mismo pedido, cubiertos todos en un único crédito documentario.

✓ Posibilidad de realizar transbordos. Se refiere a si la mercancía puede cambiar de medio de transporte en el trayecto hacia el lugar de destino o si debe ir en el mismo barco, camión, vagón o avión en todo momento.

✓ Fecha límite de embarque. Fecha máxima de salida de la mercancía desde el punto de origen.

Modalidades de pago de los créditos documentarios:

• Pagaderos a la vista. Se hace el pago contra la presentación de documentos al importador, siempre que todos los términos y condiciones del crédito se hayan cumplido.

• Pago diferido (aplazado). Se hace el pago en una fecha posterior a la entrega de los documentos. Normalmente el plazo fijado suele ser a partir de la fecha de embarque de la mercancía (reflejada en el documento de transporte). Puede ser también a partir de la fecha de la emisión de la factura, fecha de entrega de los documentos, o una fecha fijada de antemano.

• Pago por aceptación. En este caso existe una letra de cambio (efecto) formando parte de los documentos del crédito documentario, y será necesario aceptar la misma para hacer el pago.

- Pago por negociación. Aquí se utiliza también un efecto financiero, que puede ser descontado en un banco negociador designado previamente, o en el caso de que sea libremente negociable, cualquier banco del país donde sea utilizado puede ser banco negociador. Esta fórmula es poco utilizada en Europa, pero muy utilizada en los países orientales.
- ✓ Descripción de la mercancía. Indicar una breve descripción de los productos y cantidades compradas de los mismos, según factura o pedido.
- ✓ Documentos requeridos. Diferentes documentos comerciales, de transporte, seguro y o financieros requeridos al exportador.
- ✓ Reparto de gastos bancarios. Mencionar si los gastos bancarios tanto dentro como fuera de España son por cuenta del comprador o del vendedor. Lo más habitual es que los gastos bancarios en España sean por cuenta de la empresa española y los gastos en el extranjero por cuenta de la empresa extranjera.

Emisión del crédito documentario. Siguiendo las instrucciones indicadas en la solicitud del crédito documentario, el banco emisor comunica la emisión de este al banco intermediario, con el que tiene relación. El banco intermediario, en caso de ser distinto al banco avisador, comunica la emisión del crédito documentario por parte del banco emisor al banco avisador.

> Existe la posibilidad de modificar las condiciones de emisión del crédito, siempre antes de la expedición de la mercancía. Cada modificación la solicita el banco emisor según instrucciones del ordenante que previamente se ha puesto de acuerdo con el beneficiario. Conllevan unos costes bancarios.

Notificación de la apertura del crédito al exportador. Es el banco avisador el que comunica al exportador la apertura del crédito documentario a su favor, sus condiciones de entrega y los documentos pedidos.

Expedición de las mercancías y entrega de documentos al banco del exportador. Una vez que el exportador tiene preparadas las mercancías y los documentos requeridos en el crédito documentario, sale la mercancía hacia su destino y los documentos son entregados al banco avisador, el cual les comprobará y hará llegar al banco pagador del crédito documentario.

Recepción de los documentos por parte del banco pagador y utilización del crédito. Este banco pagador se encarga de comprobar si los documentos llegan antes de la fecha límite, si son los documentos pedidos, y si las condiciones de entrega reflejadas en los documentos son las pactadas y reflejadas en el crédito documentario. En el caso de que todo esté en orden, hace llegar los documentos al ordenante, a través del banco emisor (quizás sea el mismo, si el crédito es pagadero en las cajas del banco emisor) y sigue las instrucciones de pago convenidas. Al producirse el pago se cierra el crédito documentario. En el caso de que existan discrepancias con los documentos presenta-dos o con los plazos de entrega u otras condiciones pactadas en el crédito, se abren reservas, y el banco pagador deberá comunicárselas al banco emisor y éste a su cliente, el ordenante, el cual tras valorarlas decidirá si se da por bueno el crédito a pesar de las reservas o si no. Cuando no se aceptan las reservas, se informa al banco avisador para que las haga llegar al beneficiario, se devuelven los documentos y se trata de corregir las discrepancias (reservas) rápidamente. En caso de no corregirse, no se haría el pago del crédito documentario.

> Hay que mencionar que el banco emisor y el confirmador en su caso, tiene la obligación de pagar cuando los documentos y condiciones del crédito sean respetados, pero no tienen en cuenta la situación real de las mercancías, en caso de que sea diferente a la reflejada en los documentos.

Nos podemos encontrar con los siguientes tipos de créditos documentarios:

- **Créditos irrevocables.** Es aquel que no puede ser anulado, ni modificado sin previa conformidad de las partes que intervienen en el mismo. Representa una seguridad dada por el banco emisor del crédito al beneficiario, de que, si este presenta en el tiempo oportuno documentos según los términos y condiciones reflejadas en el crédito, obtendrá el cobro de la exportación en el momento acordado. Según las normas UCP 600 , si no se indica nada sobre la revocabilidad o irrevocabilidad del crédito documentario, se entenderá que es irrevocable. Ahora en vigor las UCP 600, julio del 2007.

- **Créditos confirmados.** Son aquellos en los que el banco emisor solicita al banco avisador o intermediario, que añada su confirmación, o sea, que asuma un compromiso irrevocable de pago del crédito documenta-rio ante el beneficiario. El banco al que se solicita su confirmación puede aceptarla o no, no está obligado a hacerlo. Por tanto, en este tipo de créditos existe una doble garantía de pago, una dada por el banco emisor y otra dada por el banco confirmador. Se utilizan los créditos confirmados cuando aparece un elevado riesgo país.

- **Créditos transferibles.** Es aquel mediante el cual el primer beneficiario puede requerir al banco autorizado a pagar, aceptar o negociar, a poner el crédito total o parcialmente a disposición de uno o más segundos beneficiarios. El crédito sólo puede ser transferible una vez, el segundo o segundos beneficiarios no pueden designar a su vez terceros beneficiarios. Es necesario que se exprese desde la emisión del crédito la posibilidad de que sea transferible. Se respetan las condiciones del crédito documentario, siendo lo único que se puede modificar, el importe, que se puede reducir, y el plazo de validez, que se puede acortar.

- **Créditos Stand By.** Un stand by letter of credit es una garantía del banco emisor, que se cumple sólo cuando el importador no hace el pago, o sea, no paga directamente a través de transferencia, cheque u otro me-dio de pago. Suele utilizarse en algunas relaciones comerciales con Estados Unidos, como garantía de cobro. Tienen su propia regulación ISP 98.

- **Créditos Back to back o repaldados.** Se trata de créditos muy utiliza-dos por los tradings y los intermediarios, puesto que no necesitan realizar dos créditos diferentes, en las operaciones trianguladas. Con el crédito de exportación avalan el crédito de importación, puesto que siempre será de mayor cuantía.

- **Créditos rotativos o "revolving".** Son créditos que ofrecen una disponibilidad financiera y son renovados automáticamente. Pueden ser acumulados y no acumulados

- **Créditos de cláusula "roja" y cláusula "verde".** Permite al exportador tomar anticipos antes de embarcar la mercancía. El importador le financia. La diferencia con el de cláusula verde es que éste necesita justificación documental para los anticipos.

- **Créditos electrónicos y las eUCP.** Créditos documentarios electrónicos disponibles desde marzo del 2002. No requieren un sistema determinado como el EDI. Las eUCP no regulan la emisión ni el aviso de un crédito documentario. Permite la presentación en formato electrónico o mixto. Para que las partes se sometan a las eUCP deben especificarlo e indicarlo via Swift por medio de los códigos "EUCP". Este medio de pago aporta ventajas tanto al importador como al exportador, siendo el más aceptado en las situaciones de desconocimiento mutuo, ya que aporta garantías de cobro superiores a las de cualquier otra forma de pago.

Las ventajas que presenta son:

➢ Cobertura del riesgo comercial de cobro. El exportador confía en la solvencia del importador ya que existe un banco que responde por él y acepta emitirle un crédito documentario. Sabe que una vez emitido el crédito puede fabricar la mercancía con la gran seguridad de poder cobrarla, siempre que se realice la entrega según las condiciones pactadas.

➢ Control de las condiciones de entrega de la mercancía. El importador cuando solicita el crédito informa del plazo límite de salida de la mercancía, de los lugares de origen y destino, forma de ser transportada, y solicita documentos que prueben la correcta disposición de la mercancía. (transporte, certificados de origen, seguro, listado de contenido, factura). Además, el importador tiene la garantía de que, si paga, el banco le entregará los documentos que le permitirán despachar la mercancía. el exportador se sabe propietario de la mercancía hasta que el importador acepta los documentos pactados y retira con ellos la mercancía en la aduana.

➢ Posibilidad de mejorar las condiciones de pago. El importador, al aceptar el pago mediante crédito documentario, podrá aprovechar esta herramienta que asegura el cobro al exportador para negociar con él una mejora en el plazo de pago, o un descuento especial.

➢ Posibilidad de solicitar financiación al banco. El importador, al solicitar la línea de comercio exterior para abrir el crédito, puede utilizarla para financiar el pago de este.

> El importador debe considerar los plazos de entrega, y de presentación de documentos, el tipo de transporte, los lugares de origen y destino de la mercancía, los documentos a pedir, la distribución de los gastos bancarios, aspectos que no se prevén en su totalidad en las transferencias, cheques o remesas.

En cuanto a los inconvenientes nos encontramos:

➢ Compleja tramitación. Es el medio de pago más completo y con mayores beneficios tanto para el exportador como el importador de los que hemos visto, pero también el más difícil de tramitar, ya que cubre las condiciones de entrega de la mercancía y las de pago. También debe solicitar línea de comercio exterior a su banco en el caso de que no la tuviese. El exportador deberá conseguir los documentos solicitados dentro del plazo acordado, y tener la mercancía preparada antes de la fecha límite de embarque.

➢ Costes bancarios elevados. Al estar el pago avalado al menos por el banco emisor del crédito, y ser más compleja la tramitación que otros medios de pago, su coste bancario es también superior.

➢ Posibilidad de diferencias entre los documentos entregados y la mercancía recibida. Al ser el crédito documentario una garantía de pago por parte del banco emisor siempre que se cumplan unas condiciones reflejadas a través de unos documentos, se hará el pago si los documentos son los solicitados, no si la mercancía está bien. Una vez que el banco emisor entrega los documentos al ordenan-te para que retire la mercancía, acepta el pago, avalado por el banco, y puede ser que al comprobar la mercancía existan diferencias con el pedido, no reflejadas en los documentos y que tengan que solventar entre el comprador y el vendedor.

En cuanto a la legislación aplicable al crédito documentario nos encontramos:

➢ Reglas y Usos Uniformes Relativos a los Créditos Documentarios, de la Cámara de Comercio Internacional. Publicación 600, revisión del 2007, el 1 de julio se marca la entrada en vigor de las UCP 600. Son normas de carácter privado emitidas por una sociedad privada, como es la Cámara de Comercio Internacional, pero aceptadas de forma general en todos los países. No son vinculantes en caso de conflicto legal. Estas normas se aplican a todos los créditos documentarios siempre que así se establezca en el texto del crédito.

➢ Honrar o negociar bajo las UCP600.

Honrar significa:

✓ Pagar a la vista si el crédito es disponible para pago a la vista.

✓ Contraer un compromiso de pago diferido y pagar al vencimiento si el crédito es disponible para pago diferido.

✓ Aceptar una letra de cambio librada por el beneficiario y pagar al vencimiento si el crédito es disponible para aceptación. En las letras solamente se habrá honrado si se entrega una promesa de pago.

✓ Novedades que presenta la UCP 600:

✓ Se agrupan el pago y la aceptación bajo una única categoría, a la que denominan HONRA (Honour).

✓ Se entiende que, en un crédito disponible para el pago diferido, se está requiriendo el banco designado para que prometa el pago.

✓ Se redefine la negociación, que además deja de ser la única financiación posible en el marco del crédito.

4. FINANCIACIÓN INTERNACIONAL

En la pequeña y mediana empresa no es muy habitual que existan expertos en financiación internacional, ya que su "Core Business" es producir y vender productos de valor añadido y no especular con divisas. Sin embargo, en este capítulo, veremos un mar de posibilidades en cuanto a productos financieros al alcance de muchas empresas.

4.1. FACTORING

El mercado español de factoring está teniendo, en los últimos años, un incremento significativo de sus operaciones. A partir del año 2002, se empezó a sobrepasar el 23% de incremento en la actividad. Aproximadamente estamos hablando del 4,55% del PIB. Cuando una empresa realiza numerosas ventas a crédito a sus clientes, tiene que añadir a su actividad productiva las siguientes vicisitudes:

✓ Gestionar y cobrar las facturas emitidas.

✓ Cubrir el riesgo de posibles insolvencias de sus clientes.

✓ Atender las necesidades de liquidez o "cash flow" que requiera la empresa, debido a que los aplaza de pago suelen ser dilatados en el tiempo.

Mediante este sistema de financiación, la empresa contrata un conjunto de servicios de cobertura de insolvencia, gestión y financiación aplicable a las ventas a crédito realizadas a sus clientes, tanto en el mercado doméstico como en el mercado internacional. Dichos servicios se ofrecen a partir de la "*cesión mercantil*" de las facturas a una entidad bancaria, el "*factor*".

- Realizan ventas con pago aplazado entre 30 y 270 días. Un ejemplo claro es la distribución de las grandes cadenas, multinacionales, organismos públicos, corporaciones, donde los plazos son dilatados.
- Utilizan la transferencia o el cheque como forma de pago. También podríamos incluir las que utilizan el pagaré o letra aceptada, ya que los documentos a veces suelen tardar.
- Necesitan la cobertura de insolvencia de sus ventas, además de la financiación.
- Poseen un número limitado de compradores, que representan una cifra importante de la facturación (80% y son el 20% de los proveedores), lo que representa una concentración de riesgos excesiva que hay que cubrir.
- Empresas que están en expansión y evolución, que necesitan financiación para poder crecer.

> En el caso de las grandes empresas, el factoring les permite mejorar la estructura del balance, mediante la movilización de su cuenta de clientes.

Existen diferentes modalidades de factoring, dependiendo los servicios que necesite la empresa o el tipo de deudor que ceda la empresa a la entidad bancaria.

Según los servicios ofertados al cliente nos encontramos con los siguientes:

Factoring sin recurso. Los destinatarios son las empresas que venden a otras empresas y que, además de la financiación y el resto de los servicios del factoring, quieren asegurarse el cobro de sus ventas a crédito y necesitan contratar la cobertura de insolvencia. El factor, por su parte realiza los siguientes servicios:

✓ Estudia y determina la cifra máxima de riesgo para cada deudor (las ventas mínimas por deudor suelen ser a partir de 100.000€).
✓ Realiza el seguimiento de la cartera.
✓ Gestiona el cobro.
✓ Puede anticipar entre el 80 al 95% del importe de las facturas.
✓ Averigua las causas de impago en el caso de que se produzca.
✓ Ofrece una cobertura de riesgos por insolvencia hasta el 100%.

En cuanto a los **requisitos,** la empresa debe tener ventas repetitivas y a plazo comercial, con un máximo de 270 días. La cesión de todas las ventas a un mismo deudor a favor de una sola entidad de factoring (**globalidad de la cesión**).

Factoring con recurso. Los destinatarios son pequeñas y medianas empresas que necesitan financiación porque venden a grandes empresas o multinacionales que pagan por reposición, o bien tardan excesivamente en disponer de un documento negociable.

En cuanto a los **servicios,** el factor suele realizar:

✓ Clasificación de los deudores según el límite de crédito concedido
✓ Financiación de las ventas: anticipo del 80 al 95% del importe de las facturas
✓ Control e información contable y estadística de la cartera cedida
✓ Gestión de cobro
✓ Gestión de impagados
✓ Según el deudor:

Factoring sector privado nacional. En cuanto a sus características, el deudor se halla ubicado en el territorio nacional. Se exige la globalidad de la cesión y **puede ser con o sin recurso.**

Factoring sector privado exportación. El deudor se halla fuera del territorio nacional. Normalmente es necesaria la intervención de un segundo factor, ubicado en el país de importación. **Las operaciones son siempre sin recurso.**

En cuanto a las **ventajas para el exportador,** podemos citar las siguientes:

✓ Elimina incertidumbres a la hora de plantearse la expansión internacional.
✓ Cuenta con la financiación inmediata de todas sus ventas a importadores (previamente clasificados y aprobados) pendientes de cobro y cedidas con anterioridad a la entidad bancaria.
✓ Está totalmente protegido contra el riesgo de insolvencia de aquellos compradores previamente clasificados.
✓ Elimina plazos de pagos dilatados, las trabas burocráticas y legislativas de los diferentes países.

✓ Se beneficia de una gestión exterior de cobro especializada, ya que la realiza una entidad del propio país importador. Las **ventajas para el importador**, podríamos citar algunas:

✓ No necesita aportar garantías

✓ No necesita créditos documentarios para efectuar los pagos; basta con recibir la mercancía en condiciones y según la documentación presentada.

Factoring sector público. Respecto a las características, el deudor es una Administración central, Autonómica, Local, Universidad, empresas de capital público o mixtas (TVE, RENFE, hospitales, la Seguridad Social, etc.). La cesión al factor y su correspondiente visto bueno suele hacerse **factura a factura** o certificación a certificación. Puede ser con o sin recurso. En general, permite a las empresas, independientemente de su estructura financiera, desenvolverse y crecer con seguridad, en la medida en que sus clientes merezcan los riesgos que se derivan de la venta de las facturas a crédito.

Otra de las ventajas sería la descongestión de la administración de las empresas porque no tienen que:

➤ Realizar la clasificación crediticia de los compradores.

➤ Asumir el riesgo de insolvencia.

➤ Buscar la forma de financiar las ventas a crédito.

➤ Gestionar los cobros.

➤ Realizar el control contable de la cartera de facturas.

Es un método de financiación automática de sus ventas en sintonía con el crecimiento o internacionalización de la empresa. Al efectuar un factoring "sin recurso", la empresa reduce su cuenta de clientes a cobrar, lo que le permite mejorar su solvencia y su ratio de rendimiento activo (ROA). Además, no asume riesgo de presencia en el CIRBE (Central de Riesgos del Banco de España). En tiempos de crisis, y falta de liquidez en las empresas, debería ser un medio de financiación tenido en cuenta muy seriamente. A continuación, vamos a ver un ejemplo de tarifas en operaciones de factoring:

> ✓ Gastos de administración y formalización.
> ✓ Apertura .... 1502,53€
> ✓ Estudio .... 60,10€
> ✓ Tramitación litigio.. 30,05€
> ✓ Notas de abono ...... 30,05€
> ✓ Comisiones del factoring.
> ✓ Factoring sin recurso (2%) con mínimo de 12,02€.
> ✓ Factoring con recurso (1,7%) mínimo de 10,02€.

4.2. FORFAITING

El **forfaiting** o **descuento sin recurso** consiste en la venta de unos documentos financieros, con vencimientos a medio plazo, correspondientes al pago de bienes y servicios exportados, sin recurso contra el exportador.

La operación se realiza a un precio que representa el valor presente de los vencimientos futuros, actualizado. Esta técnica, de muy rápida ejecución, se caracteriza por ser:

Abstraíble: cualquiera que sea la documentación utilizada, tiene que permitir la separación entre los derechos adquiridos con la compra del instrumento y la operación comercial que ha originado su emisión. Esto quiere decir que ni el deudor ni el banco garante pueden utilizar los incumplimientos, disputas comerciales u otras incidencias como excusa para recusar el pago de la deuda.

Negociable: Los créditos objeto de una operación deben ser libremente transferibles.

Comercial: En una operación de forfaiting el crédito surge como consecuencia de un contrato de compraventa de bienes y por tanto se califica como crédito comercial.

Sin recurso: Una vez finalizada la operación, el vendedor puede desinteresarse totalmente de los acontecimientos que afectan al crédito cedido, mientras que el comprador no tiene ninguna posibilidad de devolver el crédito al vendedor en caso de que el deudor no pague, salvo en el caso de fraude. Tratándose de una venta definitiva, los instrumentos de pago que se utilicen tienen necesariamente que implicar una promesa incondicionada e irrevocable al pago. Los que se utilizan con más frecuencia son: **pagarés, letras de cambio y cartas de crédito con pago aplazado**, preferiblemente con aceptación. Sin embargo, también se podrían descontar sin recurso documentos como facturas comerciales, derechos de cobro sobre un contrato de suministro, etc. siempre que ofrezcan con suficiente certidumbre el derecho a exigir el pago de la obligación a su vencimiento. En la gran mayoría de las operaciones descontadas en el merado de forfaiting está presente alguna forma de afianzamiento bancario. Eso permite por un lado reducir el riesgo de crédito y agilizar el proceso de análisis del forfaiter. Por otro lado, aumentar de liquidez del activo en el mercado secundario. No obstante, un creciente número de empresas, grandes corporaciones, muy conocidas en los mercados internacionales, son hoy en día nombres ampliamente aceptados que no necesitan ningún tipo de garantía adicional, aunque siempre depende en qué momento coyuntural estemos viviendo. En el de ahora, las garantías se multiplican. Para que un afianzamiento resulte idóneo para el forfaiting es necesario que sea: **incondicional, irrevocable y transferible**.

> Tanto los pagarés como las letras de cambio se transmiten mediante el endoso, que en su forma más simple consiste en la firma del beneficiario del título en el reverso de este. **El endoso sin recurso** (without recourse) transmite el derecho a recibir el pago de la letra, pero no a recurrir al vendedor en caso de impago.

Es importante que el texto del documento no deje dudas sobre la validez de la obligación y que la garantía pueda hacerse valer desde un punto de vista legal. La forma de afianzamiento más utilizada en el mercado del forfaiting es el **aval**.

Los elementos que normalmente componen el coste de una operación de forfaiting son:

☐ La tasa de descuento (Discount Fee): se cotiza como un margen por encima de la tasa LIBOR que depende de su duración: 6 meses, 18 meses, etc.

☐ Los días de gracia (Days of Grace): o número de días que los forfaiters añaden a cada vencimiento en el cálculo del vencimiento.

☐ La comisión de compromiso (Commitment Fee): es el precio que el forfaiter pide por reservar líneas de crédito y de riesgo país suficiente para poder efectuar una determinada operación en ciertas condiciones. Aun-que no haya reglas precisas, la comisión de compromiso suele situarse alrededor del 50% del margen.

Desde el punto de vista de una empresa exportadora, el forfaiting permite conseguir varios objetivos:

✓ Liquidez.
✓ Reducción de los riesgos de crédito y los derivados del tipo de cambio y de interés.
✓ Mantenimiento de las líneas crediticias con bancos.
✓ Mejora de las ratios contables.
✓ Ahorro de trámites y tiempo.
✓ Los intereses y las comisiones son un gasto deducible el impuesto de sociedades y el IRPF.

Es importante que se tomen en cuenta estas características cuando se compara el coste con el de otras alternativas de financiación. En particular no es inusual que empresas, sobre todo de pequeña y mediana dimensión, encuentren el forfaiting caro porque lo comparan con el descuento de letras con recurso que les ofrece su banco o caja habitual. Para determinadas operaciones, la utilización del forfaiting como alternativa de financiación no es un camino viable.

> Una alternativa al aval es la **garantía bancaria**, que se permite en un documento separado de los pagarés o letras. Cada banco suele tener su formato propio, y el texto puede ocupar desde unas pocas líneas hasta varias páginas donde se consideran de forma detallada varios aspectos legales.

También, en el caso de operaciones que se presten a ser apoyadas por CESCE, el forfaiting no suele ser una alternativa conveniente a menos que:

✓ El contrato tenga que ser firmado urgentemente.
✓ El importador no quiera involucrarse en la complejidad operativa y administrativa de una operación con apoyo oficial.
✓ El contrato ya esté en fase de ejecución.

Sin embargo, hay multitud de situaciones en las cuales sería oportuno consultar este mercado para verificar la disponibilidad de crédito y su coste. Para exportaciones de maquinaria u otros bienes de equipo, que prevén un pago a medio plazo, donde se pueda evidenciar el crédito con pagarés u otros instrumentos transferibles, siempre vale la pena pedir cotización. Cuanto antes se pida precio, más fácil será incluir el coste del descuento en el valor del contrato comercial.

De la misma forma, para una empresa que tenga limitado acceso al mercado bancario, el forfaiting puede ser interesante tanto en términos de disponibilidad como de coste. El forfaiting permite cierta flexibilidad para determinar cuándo acceder al mercado. Un exportador puede decidir mantener el crédito en sus libros por cierto tiempo o vender sólo una parte del crédito. El mercado de forfaiting se presta a crear productos ajustados a la medida. Así que no hay que tener miedo a proponer al mercado operaciones diferentes. El banco local utilizado por el exportador suele tener un papel importante en sugerir o descartar la utilización del producto. Una entidad que conozca bien el mercado puede asesorar sobre la mejor forma de estructurar la operación y cómo encontrar el mejor precio.

Operaciones inferiores a 500.000€ no son muy atractivas para muchos forfaiters, sobre todo cuando el número de vencimientos es elevado. Esto no se debe sólo al limitado potencial de beneficio que dejan, sino a la dificultad de cubrir el riesgo de interés y el alto coste administrativo. Incluso si se consigue una oferta, puede que el precio sea muy alto. A continuación, vamos a ver un ejemplo del cobro de comisiones del sistema de financiación forfaiting. En el descuento con recurso o forfaiting se suele cobrar:

☐ Comisión de gestión .... 2%.

☐ Comisión compromiso anual .... 1%.

4.3. PROJECT FINANCE

El *Project finance* es un innovador mecanismo de financiación que permite al promotor de un proyecto público o privado, llevarlo a cabo obteniendo la financiación de la inversión necesaria, sin tener que acudir a medios propios o ajenos. A diferencia de los mecanismos de crédito utilizados habitualmente, el *Project finance* se basa fundamentalmente en la capacidad que tiene el proyecto para generar recursos, los cuales han de ser suficientes para pagar los rendimientos del capital, el beneficio del exportador, así como devolver el capital invertido. La novedad consiste en que el sistema financiero sustituye las tradicionales garantías reales por una multitud de informes y estudios de viabilidad (técnicos, económicos, jurídicos, etc.), además de la implicación contractual de los intervinientes en la gestación y gestión del proyecto. Las garantías acaban siendo de la misma importancia y del mismo rango, pero aportadas solidariamente por un conjunto de agentes.

La viabilidad del proyecto y su bajísimo riesgo, serán condiciones obligatorias para poder utilizar este sistema. Una de las principales ventajas de este tipo de financiación es que se realiza "fuera de balance", sin incrementar los riesgos corporativos y financieros de las empresas promotoras, ya que los recursos financieros se prestan contra el propio proyecto y se recuperan mediante la tesorería que éste genera.

El ámbito de aplicación es bastante amplio, ya que se puede utilizar para proyectos solamente privados, como proyectos que son privados mediante una licencia administrativa, una concesión pública, o bien proyectos totalmente públicos.

Los proyectos más adecuados para este sistema de financiación son los que, por sus características, necesitan fuetes inversiones iniciales y posteriormente generan unos ingresos seguros y regulares. Un ejemplo serían los transportes, las energías renovables y aprovechamientos energético (tratamiento de residuos, reciclaje, biomasas, energía eólica, solar, etc.), tratamiento de aguas, telecomunicaciones, proyectos industriales y de medioambiente, minería. Como vemos, la mayoría de los proyectos de I+D+i actuales pueden ser susceptibles de este tipo de financiación. Para que esta financiación se pueda ofrecer "fuera de balance", es necesario constituir una estructura independiente del promotor y con personalidad jurídica propia. Esta estructura se conoce como "Empresa del Proyecto" (EP), la cual será titular de los activos del proyecto y quien soportará el mayor riesgo de la operación.

Esta empresa ha de cumplir las leyes mercantiles y laborales del Estado Español y de la Unión Europea. Debe ser también flexible en cuanto a la aceptación de nuevos socios, acceder a préstamos bancarios, limitar la responsabilidad de sus socios solamente a los activos. Debe ser controlada de forma privada y pública. En su constitución pueden participar todas las entidades que colaboran en el proyecto, socios industriales que aportan experiencia en el sector y los socios financieros que prestan el capital esperando una rentabilidad.

> Las fuentes de financiación de este modelo son variadas: préstamos bancarios a largo plazo, hasta emisiones de bonos y obligaciones, pasan-do por las subvenciones procedentes de agencias nacionales o internacionales.

No existe una estructura general para esta financiación, ya que depende del tipo de condiciones del proyecto. Aun así, se puede hablar de algunas estructuras tipo:

➤ EP constituida por promotores privados que ejecuta un proyecto, lo explota durante un determinado período y finalmente lo devuelve al sector público. Se trata generalmente de proyectos basados en una *concesión administrativa*.
➤ Constitución de una EP integrada por promotores privados y públicos, donde asumen de manera solidaria los riesgos. Normalmente, una vez entre en funcionamiento, el sector público deja de asumir riesgos.
➤ Constitución de una EP con capital totalmente público, llevando proyectos que generen flujos constantes de ingresos, por ejemplo, los peajes. En estos casos la construcción y explotación del proyecto los puede realizar tanto una entidad pública como una privada mediante una concesión administrativa. Debido a su complejidad se debe contar con asesores externos cualificados midiendo perfectamente los riesgos, con el fin de que los inversores y las entidades financieras tengan confianza en el proyecto:

- ➤ Asesor de ingeniería: realizan el estudio técnico.
- ➤ Asesor de impacto medioambiental: analiza la repercusión social y medioambiental del proyecto.
- ➤ Asesor financiero: realiza el estudio de la rentabilidad del proyecto, evaluando los riesgos financieros y económicos, asesorando en la captación de recursos a negociar con las entidades financieras.
- ➤ Asesor jurídico: asesora en todos los aspectos legales y fiscales que afecten al proyecto.
- ➤ Todos los flujos de ingresos y costes del proyecto han de estar garantizados mediante una serie de contratos:

Contratos técnicos:

- • Fase de construcción: contrato de instalación llave en mano, si se opta por esta modalidad, de suministro de maquinaria, de asesoría técnica, etc.
- • Fase de explotación: contratos de provisión de materias primas, de mantenimiento, etc.

Contratos financieros:

- ✓ Financiación durante la construcción.
- ✓ Financiación del período de explotación.
- ✓ Seguros.

La fase de construcción supone el aprovisionamiento de una gran cantidad de bienes de equipo, obra civil y diferentes contratos individuales. Si es *llave en mano*, el constructor será el responsable de toda la fase. Es el más aceptado porque las entidades financieras no quieren asumir riesgos. Si se infringe el plazo de finalización se penaliza.

Si se opta por el contrato de construcción a "*precio de coste más beneficio industrial*" será la EP la responsable y quien asumirá los riesgos de construcción. El coste será más reducido y solamente se paga el diseño y construcción del proyecto, sin costes añadidos. En estos casos, las entidades financieras suelen pedir más garantías.

Normalmente, el banco que lleva las relaciones administrativas y de gestión con el resto del pool y la empresa ejecutora del proyecto es la que asume el mayor riesgo en la operación (al igual que ocurre en los préstamos sindicados). En este caso sería el Banco 'TRM' que aporta el 35% de la financiación. En el argot de los Project Finance, la empresa ejecutora del proyecto se denomina SPV (Special Purpose Vehicle), que en castellano significa Sociedad con Propósitos Específicos, que normalmente suele formar parte del project, aunque no tiene que existir obligatoriamente para su desarrollo. El proyecto de construcción de la autopista se estructura en distintas fases, a cada una de las cuales se asigna un montante de la inversión. En cada fase, cada entidad financiera del 'pool' es responsable de aportar el porcentaje descrito anteriormente, y en consecuencia asumiría también la proporcionalidad de ese riesgo.

Además, este tipo de proyectos tiene cada vez más una importante función social, pensemos en que el Estado está derivando hacia las empresas privadas las construcciones de ciertas infraestructuras, por lo que en la práctica se convierte en una forma dar entrada al capital privado en los grandes proyectos de inversión estatales.

Los Proyectos de Inversión hacen una muy valiosa contribución a la economía financiera, pensemos en que muchos de los proyectos que se llevan a cabo en la actualidad no verían la luz si no hubiese Entidades dispuestas a cooperar entre sí para compartir riesgos. No solamente por la gran cantidad de financiación que se necesita, sino también, por la diversificación de los riesgos en una operación financiera de grandes dimensiones

4.4. CRÉDITOS FAD

El FAD fue el primer instrumento español de ayuda al desarrollo creado en 1976. Un crédito puede considerarse FAD si cumple los criterios fijados por consenso en la OCDE, el *"paquete Helsinki"*, líneas de crédito a nombre de los miembros del FMI.

El FAD financia el importe de los bienes de equipo y servicios españoles exportados a países en desarrollo, incluyendo el flete y el seguro de transporte contratados a una compañía española y la prima de seguro del crédito a la exportación (CESCE). Además, financia el importe de los bienes y servicios extranjeros incorporados al proyecto. Esta partida no podrá superar el 15% del total de los bienes y servicios exportados, españoles como extranjeros. Se suele completar con un crédito comercial, que suele contar con él apoye del CESCE. El riesgo de cubrir el interés se realiza con el ICO (Instituto de Crédito Oficial), mediante el sistema de Contrato de Ajuste Recíproco de Interés (CARI). Mediante el CARI se incentiva la concesión, por parte de las entidades financieras privadas, de créditos a la exportación a lo largo plazo (a partir de 2 años) y a tipos de interés fijos. Estos tipos mínimos, denominados tipos de Consenso o CIRR, son regulados por la OCDE.

La solicitud del CARI la presenta en el ICO la entidad de crédito que va a financiar la operación de exportación. En principio, todas las solicitudes requieren una autorización por parte de la Dirección General de Comercio e Inversiones del Ministerio de Economía. Si la operación se ajusta a las normas generales del CARI, se considera autorizada de forma genérica y el ICO, en nombre de dicha Dirección General, emite directamente una oferta de condiciones dirigida a la entidad prestamista. Su plazo máximo de validez es de 6 meses. El convenio de crédito FAD entre España y el país receptor puede incorporar normas de devolución en forma de adquisición obligada de bienes y servicios españoles. Entonces el CAD (Comité de Ayuda al Desarrollo) lo clasifica como ayuda ligada.

En cuanto a las condiciones del proceso, la solicitud oficial debe ser realizada por las autoridades de un país en desarrollo. Las empresas españolas pueden presentar sus consultas a la Dirección general de Comercio e Inversiones del Ministerio de Economía.

La aprobación de cada financiación del FAD es realizada por el Gobierno, mediante acuerdo del Consejo de Ministros, a propuesta de una Comisión interministerial creada al efecto (CIFAD). EL ICO, como agente financiero del Estado, negocia, firma y administra los convenios de financiación del FAD.

El desembolso es realizado de acuerdo con los hitos establecidos en el contrato. Así pues, la empresa cobra directamente del ICO, a medida que va justificando documentalmente el cumplimiento del contrato, previa aceptación del país beneficiario. La constatación ante el ICO de dicho cumplimiento corresponde a una entidad financiera, denominada banco pagador, seleccionada previamente por el beneficiario y que cuente con el visto bueno del ICO.

Desde su creación, más de 85 países han recibido proyectos con cargo al FAD. El total de la ayuda casi alcanza los 8.000 millones de euros, siendo China, Marruecos y México los principales receptores, seguido de Argentina, Argelia e Indonesia.

4.5. INSTRUMENTOS FINANCIEROS PARA LAS IMPORTACIONES Y EXPORTACIONES

Tanto el exportador como el importador podrán financiar sus operaciones:

➤ **En su moneda nacional**: En el caso de una empresa española en Euros.
➤ **En distinta moneda**: En la que se ha pactado en la compraventa, distinta a la moneda nacional.
➤ **En una tercera moneda**: tratando de buscar un tipo de interés reducido.

> ***Si el tipo de cambio de la divisa varía***, cuando tenga que cancelar la financiación, ésta puede que se le haya encarecido (la variación de cambio le ha perjudicado) o se haya abaratado (la variación le ha favorecido).

Financiación *de la exportación*: el exportador tratará de devolver la financiación solicitada con los fondos que reciba del importador.

Financiación de la importación: el importador tratará de devolverla con los fondos de la venta de la mercancía importada. Si la vende en el mercado nacional (€), por lo que la financiación en otra divisa llevará aparejada un riesgo de tipo de cambio.

Cuando la empresa corre riesgo de tipo de cambio puede:

- **Asumirlo**: si la evolución prevista del tipo de cambio le va a favorecer, abaratando su financiación, pero corre el riesgo de que ocurra lo contrario.
- **Eliminarlo**: tendría que contratar algún instrumento financiero de cobertura (forward, opciones, swaps, etc.). Lo más apropiado es que lo elimine.

4.5.1. FINANCIACIÓN EXPORTACIONES

Cuando realizamos una actividad exportadora, los plazos no son habitualmente al contado. Por lo tanto, con el objetivo de alcanzar liquidez, las empresas se financian. Nos encontramos con los siguientes supuestos:

La moneda de cobro y la financiación es el Euro. En este caso no hay riesgo de tipo de cambio. *"Una empresa va a cobrar a 90 días. Importe de su venta es de 6.000€ y que mientras se financia con un crédito de 6.000€. Llegado el vencimiento utilizará los 6.000€ cobrado en cancelar el crédito, sin que el movimiento de tipos le afecte lo más mínimo".*

La moneda de cobro es el Dólar y la moneda de financiación es el Euro. En este caso sí que hay RIESGO. *"La Empresa va a cobrar por la venta 6.000 US$ y que mientras se financia con un crédito de 4.878 €, con el tipo de cambio de 1,23$ = 1€. Llega el vencimiento a los 90 días y el tipo de cambio es de 1,25$ =1 €, por tanto, los podrá canjear por 4.800 €, tendrá que devolver el crédito y pagar 78€ más. Si el nuevo tipo fuera de 1,19$ cobraría 5.042€, por lo tanto, ganaría 164€."*

Cuando la moneda de cobro y de financiación sea el dólar: NO HAY RIESGO. *"Si la empresa va a cobrar en 90 días 5.000$ y mientras pide una financiación de 5.000$, llegado el vencimiento utilizará esta cantidad sin que le afecten los posibles movimientos del tipo de cambio".*

4.5.2. FINANCIACIÓN IMPORTACIONES

Para evitar la descapitalización, las empresas financian sus compras con el objeto de no perder liquidez y aprovechar oportunidades de descuento. Cuando la compra se realiza en divisas, existe el riesgo de cambio. Estos son las diferentes situaciones que pueden surgir:

- Si se financia en la misma moneda en la que se realiza la venta: NO hay RIESGO de cambio. En la venta siempre obtendrá algo más que la cantidad financiada.
- Si se financia en una moneda distinta a aquella en la que se realiza sus ventas: SI hay RIEGO de cambio.

4.5.3. INSTRUMENTOS FINANCIEROS PARA EL RIESGO DE TIPO DE CAMBIO

El riesgo de tipo de cambio se puede aceptar o eliminar: si se acepta puede afectar positiva o negativamente.

Los instrumentos financieros más utilizados son:

Forwards. El contrato forward permite al exportador / importador **cubrir el riesgo de tipo de cambio**: Es la compra / venta de una moneda a un plazo determinado y a un tipo de cambio fijo. La compra / venta de la moneda se realizará cuando llegue el plazo acordado (por ejemplo, 180 días) pero se aplicará entonces el tipo de cambio acordado en el momento de contratar el forward.

Si el tipo de cambio €/$ varía en ese periodo ya no les va a afectar, puesto que han acordado ya con su entidad financiera un tipo de cambio determinado.

El **tipo de cambio forward** es un tipo de cambio **diferente** al que se aplica en operaciones al contado y que es el que todos conocemos (**cambio spot**). El **tipo de cambio forward** se forma a partir del tipo de cambio al contado y teniendo en cuenta los tipos de interés de las dos monedas que se intercambian y el plazo de la operación.

Figura 1. Fórmula cambio Forward

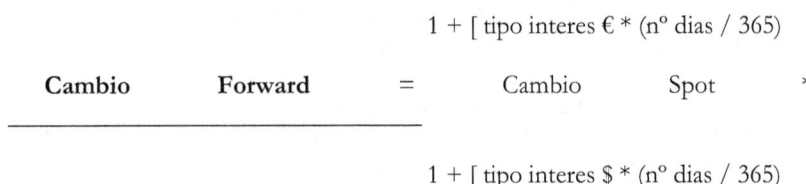

El tipo de cambio forwards se cotiza en los mercados, por lo que consultando un diario económico se puede conocer, además del tipo de cambio al conta-do, tipos de cambio forwards para diferentes plazos (90, 180, 365 días, etc.).

Contratando un forwards:

- El exportador puede cerrar hoy la venta de los Euros que va a recibir en un futuro.
- El importador puede cerrar la compra de los dólares que va a necesitar en un futuro.
- De esta manera, el exportador sabrá hoy cuantos Euros recibirá cuando cambie los dólares que le tienen que pagar, por ejemplo, dentro de 90 días, por una venta realizada, y el importador sabrá cuantos Euros necesitará para comprar en un futuro los dólares con los que pagar la importación que ha realizado.

Otro Instrumento financiero que permiten al exportador y al importador eliminar el riesgo de cambio. Da el derecho al adquiriente de comprar/vender una divisa en un momento futuro a un precio determinado.

> La Opción se puede ejercitar o no, según convenga a su poseedor. Es la primera diferencia con el cambio Forwards, **que en este sí que se obligaba a comprar/vender la divisa al tipo de cambio acordado, una vez llegado el vencimiento, con independencia de que en ese momento el tipo de cambio sea favorable o no.**

Existen las siguientes opciones:

Opción de compra "Call": da el derecho a comprar una divisa en una fecha futura a un precio fijado. *"Opción de comprar 10.000 US$ dentro de 90 días a 0,80 €/US$. Llegado el vencimiento, si el tipo de cambio €/$ se sitúa en 0,81€, el adquiriente de la opción la ejercitará y comprará los $ a 0,80 €/$".* *"Si, por el contrario, el tipo de cambio es de 0,79€, entonces no ejercitará su opción, ya que le resultará más barato comprar los $ a 0,79€."*

Opción de venta "Put": Da el derecho a vender una divisa en una fecha futura a un precio fijado. *"Opción de vender 10.000 US$ dentro de 90 días a 0,80€. Llegado el vencimiento, si la cotización es de 0,81€, el adquiriente de la opción no la ejercitará, ya que puede vender sus $ a 0,81 ".* *"Si el cambio es de 0,79€, entonces sí que ejercitará su opción y venderá a 0,80€ ".* El exportador va a recibir divisas en un futuro, por tanto, puede adquirir una opción de venta "put" que le permita vender esas divisas.

CONCLUSIONES

Antes de efectuar una inversión en el extranjero, una sociedad debe considerar si existen incentivos fiscales para ello ya que, en caso de haberlos, la rentabilidad será mayor de la esperada. Tener en cuenta los impuestos, repatriación de beneficios, etc. Los impuestos se graban de forma diferente, especialmente el IVA, si estamos hablando de terceros países, es decir, exportación e importación, o bien mercado intracomunitario, entregas o adquisiciones.

El entorno internacional es lógico que en las primeras negociaciones se genere un riesgo de incertidumbre en el cobro. Por lo tanto, los medios de pago simples deben utilizarse con empresas que ya tengamos un largo recorrido comercial. Para los primeros pasos se recomienda utilizar los medios de pago documentarios, especialmente el crédito documentario.

El factoring y el forfaiting vienen a aportar un sistema de financiación internacional que también es una garantía en el cobro. Los instrumentos financieros como los forwards y las opciones ayudan a que la empresa reduzca los riesgos de las fluctuaciones de las divisas. La empresa hoy en día debe proveerse de información respecto a las estrategias que va a adoptar respecto la fiscalidad que tienen los países en destino. Sobre todo, si está pensando en establecerse mediante un sucursal o filial comercial o productiva.

En cuanto al mercado de la Unión Europea, desde el establecimiento del Merca-do Común, fiscalmente hablando, ha habido cambios en cuanto al tratamiento fiscal de los impuestos, especialmente el IVA. Hemos dejado documentos aduaneros por documentos fiscales y de control como el Intrastat, cambios que se han generado a raíz de un mercado intracomunitario y terceros países. Debido a la inseguridad que genera una cultura diferente, modos diferentes de entender el mundo de los negocios, los bancos en su afán de estandarizar sus productos ofrecen una serie de medios de pago y financieros con una gran seguridad de cobro y garantías.

ACERCA DEL AUTOR

José-Nicanor Pinilla Barcelona proviene de un pueblo de Zaragoza, España, Brea de Aragón, donde se fabrica calzado desde hace generaciones. Esto ha influido en su perspectiva de empresa e inquietud emprendedora. Cuenta con una trayectoria empresarial de más de 30 años, y como docente y consultor de comercio internacional, puesto que aprender enseñando es su principal vocación. Para más información visitar perfil de LinkedIN: https://www.linkedin.com/in/escueladelemprendedor/

www.ingramcontent.com/pod-product-compliance
Lightning Source LLC
Chambersburg PA
CBHW062257290526
45794CB00006B/2594